RÉFLEXIONS

SUR

L'ORDONNANCE

DU DIX-SEPT MAI.

> « C'est là le malheur ordinaire et peut-être la justice des révolutions, qu'elles se défont de leurs plus chauds amis et qu'on ne sauve pas sa vie à leur sacrifier ses plus honnêtes répugnances, non plus qu'à les servir jusqu'au bout de son cœur et de sa main, de son bonheur et de sa honte.
>
> *Journal des Débats*, 23 novembre 1830.

NEVERS,

IMPRIMERIE ET LITHOGRAPHIE DE DELAVAU, IMPR. DE LA PRÉFECTURE,
rue des Boyaux.

*En empruntant cette épigraphe au journal des Débats,
on ne nous taxera point d'avoir compulsé ces feuilles exagérées dans leurs opinions royalistes et ennemies de tout ce
qu'a produit la révolution. Il nous semble que cette réflexion
qui nous paraît si juste devrait être méditée par tous ceux
qui par imprudence, par ambition ou par un sentiment
généreux, mais peu raisonné de l'amour du bien public,
agitent les passions et sont toujours d'une opposition hostile
au Gouvernement quelsques soient ses actes.*

RÉFLEXIONS

SUR

L'ORDONNANCE

DU DIX-SEPT MAI.

« C'est-là le malheur ordinaire et peut-
être la justice des révolutions, qu'elles se
défont de leurs plus chauds amis et qu'on
ne sauve pas sa vie à leur sacrifier ses plus
honnêtes répugnances, non plus qu'à les
servir jusqu'au bout de son cœur et de sa
main, de son honneur et de sa honte »

Journal des Debats, 23 novembre 1829

CHAQUE fois que de nouvelles élections ont du
avoir lieu, que de voix se sont écriées que jamais
les circonstances n'avaient été plus graves ; que du
choix des Députés dépendait le sort de la France ;
que la négligence à se rendre aux élections serait
coupable. Nous pensons, cette fois, que tout ce qui
a pu être dit dans une semblable circonstance pour
faire comprendre l'importance de la convocation
des Électeurs peut se répéter encore, car, jamais on
n'a du attendre avec plus d'anxiété, quel serait le

résultat des élections. Le Ministère ayant cassé une chambre qui lui était hostile, espère donc en rappeler une dans laquelle il trouvera une majorité docile? Mais si la nouvelle chambre est composée des mêmes élémens que celle qui vient d'être dissoute, quelle sera dès-lors sa marche? quel sera le choix de la Couronne ? De cette incertitude naissent des terreurs réelles chez les uns, exagérées ou feintes chez les autres; chez ceux-ci perce un certain espoir de voir la Couronne reprendre ses droits qu'ils disent menacés; chez ceux-là la crainte de voir des coups d'état; chez tous une angoise inexprimable, un malaise indéfinissable, tel qu'on en éprouve à la veille d'un grand évènement.

Enfin, l'ordonnance du 17 mai réveille les ambitions, ranime l'espoir et la crainte de tous, met les partis en présence et chacun attend avec inquiétude un important résultat.

En jettant un coup d'œil rapide sur les différens partis qui espèrent des élections un résultat favorable à leurs affections ou à leur ambition, nous pourrons peut-être découvrir ce qui conviendrait le mieux dans les circonstances actuelles à la France, en comprenant sous le non de France la masse qui veut le ROI, la CHARTE et les HONNÊTES GENS.

Quatre partis dans lesquels cependant se distin‑
guent beaucoup de nuances existent en France. Les
ultra-royalistes ou extrême droite de la chambre
des Députés ; les royalistes constitutionnels ou
centre droit; les constitutionnels royalistes ou
centre gauche ; et les ultra-libéraux ou extrême
gauche.

Les ultra-royalistes sont peu nombreux main‑
tenant. En 1814 plusieurs royalistes furent affligés
de voir le Roi octroyer une charte aux Français.
Ils pensaient que le régime des ordonnances valait
bien le régime constitutionnel, ils crurent que le
Roi serait moins puissant : ils ne comprenaient
point les besoins d'un peuple qui n'avait tant
souffert que pour conquérir quelques libertés. Ils
niaient le génie de Louis XVIII, de ce Monarque
législateur qui grandira dans les temps à venir et
qui s'est placé à côté des Rois ses aïeux qui ont
le plus fait pour les libertés de la France; c'étaient
d'anciens souvenirs, des habitudes qui n'avaient
rien d'offensif, respectables par cela seul que
l'amour du Souverain était pour beaucoup dans
leurs regrets de voir s'élever un nouveau régime.

Mais bientôt ce parti se grossit de ceux qui
n'éprouvèrent que du chagrin à voir peu à peu
chaque chose se caser, des lois s'établir qui réglaient
dans beaucoup de parties un mode d'avancement :

en un mot il fallait commencer par quelque chose
pour être quelque chose et voilà ce qui déplaisait
à beaucoup. Néanmoins, depuis seize années la
Charte que l'on voulait proscrire a fait beaucoup
de prosélites, et beaucoup de jeunes gens n'ont
point les mêmes opinions que leurs pères. Enfin
d'absolutistes qu'ils étaient beaucoup sont devenus
royalistes constitutionnels. Cependant on rencontre
encore des hommes d'un âge peu avancé qui affec-
tent de vieilles idées qui repoussent toute sage
innovation. Alors il nous semble voir de jeunes
acteurs voués à l'emploi des pères nobles : sous
leur air simulé de vieillesse perce une voix qui
les trahit et on attend impatiemment qu'ils aient
cessé un rôle fatiguant en ce qu'il n'est point naturel.

Les royalistes constitutionnels sont nombreux :
c'est le parti de la raison et de la sagesse. Ils
aiment d'affection le Roi et la Charte : ils veulent
le Roi parcequ'il est Bourbon : que cette race
auguste a fait et veut le bonheur de la France :
parce qu'elle possède toutes les vertus qui déter-
minent les affections du cœur de l'homme : toutes
les idées généreuses sont dans le cœur des Bourbons :
la Royale Famille réunit tous les genres de gloire.
A eux nous devons nos libertés, la tranquillité qui
fait le bonheur de la France : les ignorants seuls
peuvent méconnaître ce que la France doit à ses

Rois : ils croient que la France n'existe grande et glorieuse que depuis 1789.

Ils veulent la Charte parce qu'elle vient des Bourbons , qu'elle les consolide sur le trône, qu'elle est indispensable au maintien de la Monarchie : parce que la Charte nous a donné cette liberté qui garantit les droits de chacun : cette liberté qui n'est point la licence. Les Royalistes-Constitutionnels forment le centre droit de la Chambre.

Nous trouvons maintenant le parti de ceux que nous appellerons Constitutionnels - Royalistes parce que chez beaucoup d'entr'eux l'amour de la Charte passe avant le dévouement pour le Roi.

Dans ce parti se voient les contrastes les plus étranges : des personnages à noms illustres et anciens qui semblent avoir abandonné les drapeaux de leur caste pour suivre une bannière étrangère, affectant une teinte de libéralisme et des idées d'égalité qui ne sont point dans leur cœur : des financiers philantropes, spéculants pour le bonheur de l'humanité et les immenses profits qu'ils en retirent ; des Généraux de l'empire qui, sur un geste du maître, eussent avec leurs divisions ou leurs corps d'armée, écrasé et rançonné ce pauvre peuple dont ils sont aujourd'hui les plus ardens défenseurs : des Avocats illustres qui n'aiment que 'a gloire de la France.... et l'argent : eh bien ! ..uivez ces Orateurs populaires, demandez leur un service et vous serez reçu par ces talons rouges de la Chaussée-d'Antin et du Palais plus fièrement et plus insolemment que par le Duc et Pair le plus ancien de la Monarchie : selon quelques personnes, dans cette partie de la Chambre siègent les seuls, les vrais défenseurs des libertés publiques ! c'est un rôle si séduisant que celui de défenseur des libertés publiques ! C'est un rôle en effet glorieux lorsqu'on les défend contre un régime sanguinaire comme celui de la convention, dangereux lorsque c'est contre un régime ombrageux comme celui du directoire ou le régime impérial ; ridicule lorsque l'on élève la voix sous un Gouvernement débonnaire et faible qui laisse démolir pièce à pièce les bases de son édifice.

Le centre gauche compte parmi ses membres des hommes d'un immense talent, d'un mérite rare, pleins d'amour pour la patrie, chatouilleux sur le point d'honneur national, mais chez lesquels n'est point porté assez loin l'amour de la famille royale ; ils ne comprennent donc point que, sans les Bourbons, les libertés qui leur sont chères n'existeraient point : car qui peut nier que parmi tous les souverains de l'Europe, aucun n'ait donné plus de libertés à son peuple que le frère de Charles X.

Plusieurs membres du centre gauche sont dans une route fausse et seraient plus faciles qu'on ne pense à conquérir pour le parti royaliste-constitutionnel. Mais jusques-là, si le centre gauche avait le pouvoir il serait sur le champ débordé par l'extrême gauche ou ultra-libéraux auxquels se rattachent tous les mécontens; et les anciens impériaux dont l'ambition n'est point encore assouvie, et ces républicains, implacables ennemis de la royauté, que la sévérité eût pu dompter, que la bonté ne saurait ramener; et tous ces fauteurs de révolution qui ne rèvent que désordre, troubles, anarchie, poussés par je ne sais quel génie malfaisant, malheureux de voir la France heureuse, hommes haïssables en ce qu'ils sacrifieraient tout pour voir réaliser quelques instans, leurs misérables théories qui servent de masque à leur intérêt personnel (1).

Lorsque l'on ouvre les pages de notre révolution, on se dit à quoi donc servent les leçons de l'histoire? On est surpris de l'audace de certaines gens qui ne craignent point de secouer des torches sur un édifice rempli de matières inflammables. Ils veulent seuls

____

(1) Commençons à percer notre pays avec la lance d'Achile, nous verrons ensuite si, comme on le dit, elle guérit les blessures qu'elle fait.

Mémoire de M. de Montlosier, tom. 2.

le bonheur du peuple, et au lieu de lui ouvrir des
ateliers, de former des associations pour subvenir à
ses besoins, ils l'aigrissent, ils représentent le Gouvernement hostile envers lui, voulant l'opprimer,
lui ravir ses libertés; et lorsqu'ils l'auront ébranlé
parce qu'il les aura cru sur parole, que ces masses
leur demanderont d'une voix menaçante où est le
bien promis que feront-ils ? victimes de leur imprudence, ils reconnaîtront, mais trop tard, qu'il n'y
avait rien à désirer avant la catastrophe qu'ils ont
préparée sans s'en douter.

Qu'ils lisent les pages du Moniteur, de cette
feuille qui, froide et impassible, écrit l'histoire et
n'efface jamais, qui raconte les faits sans réflexions,
qui énumère les victimes dans nos temps de trouble,
sans même parer leur tombe de fleurs; et ils frémi-
ront de voir tous les chefs de parti, poussés par les
exigeances d'un parti plus violent encore, chan-
celer et venir tomber sur l'autel de la Patrie :
certes, plusieurs membres de l'assemblée consti-
tuante, étaient mus par de généreux sentimens ;
jamais ne fut poussé plus loin chez plusieurs l'a-
mour du bien, mais lorsque leur voix eut fait un
appel aux passions orageuses, leur bras fut trop
faible pour arrêter le flot qui les entraînait, et
combien périrent dans l'abîme! Ceux qui survé-
curent ont dû avoir une vie empoisonnée de re-

mords et de regrets! Barnave, le jeune Barnave qui partit pur des états de Languedoc, mais qui avait, disait-il à M. Mounier, sa réputation à faire, ne laissat-il point échapper ces paroles : « *Ce sang était-il donc si pur!* Il expia ses erreurs sur l'échafaud, comme tant d'autres, car dans les révolutions ce sont ceux qui frappent le plus fort, qui proposent et exécutent les mesures les plus violentes, qui l'emportent, et tel homme exagéré dans ses opinions, s'il recule ou s'il hésite, n'est plus qu'un modéré et prêt à trahir son parti aux yeux de ceux qui d'abord l'avaient désigné comme chef.

Mettre le pouvoir dans les mains de la gauche, serait de la dernière imprudence. Lorsque la légitimité sera assise sur des bases plus solides, alors on pourra prendre un Ministère entier dans le centre gauche, mais jusques-là nous regardons la chose comme dangereuse et impossible.

Placer tour-à-tour les diverses opinions au pouvoir est un système qui existera long-temps en France, car les hommes ne sont point assez stables dans leurs idées, assez fermes en même temps pour que la même opinion reste au Ministère sans se laisser entraîner au-delà de ce quelle aurait juré de faire en montant au pouvoir, par ceux-mêmes qui l'y auraient poussé. M. De Villèle conduit au Ministère par les royalistes, fut accueilli par des cris de triomphe, comme s'il avait dû sauver la France. Il fut renversé par ceux qui l'avaient élevé au ministère, soit que de la sommité ou il était placé, il n'envisageat plus les choses comme lorsqu'il aspirait au pouvoir, soit par les exigeances de son parti.

Cette succession de Ministères et de Ministres de diverses nuances, cette agitation dans laquelle nous vivons est pénible sans doute, mais est la meilleure preuve de l'excellence du Gouvernement représentatif, cette agitation prouve notre liberté. Si quelques personnes disent que ce Gouvernement ne convient point à la France, nous leur repondrons que le temps n'a pas encore consolidé nos institutions. Que sont donc seize années pour affermir un Gouvernement nouveau ?

Si de tous ces troubles surgit un Ministère ferme dans sa marche, inaccessible à la crainte, qui soit sourd aux exigeances de son parti, qui présente des lois vraiment utiles, qui comprenne quels sont les besoins de la France et ce dont elle ne veut pas, qui ne se laisse point effrayer par les cris de la presse, à un tel Ministère se ralliera une majorité considérable avec laquelle il marchera longtemps, car tout le monde aime la force et s'y rattache.

Les cris de la Presse ! Les journaux s'intitulent

les sentinelles avancées de l'opinion publique!
Mais ces sentinelles ont si souvent crié : *Qui vive*,
sur des ombres, si souvent allarmé pour des fan-
tômes, qu'un esprit droit et impartial ne peut plus
leur accorder de confiance. Et comment croire à
tant de mauvaise foi, à des paroles si âpres, à ces
démentis fréquens, à ces ambitions qui cachent
tant de haines (1). Feignant souvent d'être irrités,
ils font passer leurs fureurs dans l'âme de leurs
bénins lecteurs qui se croient échauffés par le feu
divin de l'amour de la patrie, et ne s'apperçoivent
pas que l'on fait d'eux de serviles et aveugles ins-
trumens.

Causant un jour avec le Rédacteur d'une feuille
connue par la violence et l'exagération de ses opinions, nous lui demandions s'il pensait sérieuse-
ment tout ce qu'il disait. « Pour être lu maintenant,
il faut parler aux passions et frapper fort, » dit-
il. Voilà le secret de la plupart des journalistes
qui, semblables à ces peintres de la nouvelle école,
chargent leurs palettes des couleurs les plus sombres,
et enfantent des compositions bizarres et fantas-

---

(1) Les grandes réputations furent toutes attaquées, les Ministres et les Officiers de guerre furent mis sans cesse à la dis-
crétion de cette sorte de gens qui ne peuvent servir l'Etat, ni
souffrir qu'on le serve avec gloire.

MONTESQUIEU. (*Grandeur des Romains*, ch. 17).

tiques comme les rêves d'un malade, pour fixer sur leurs tableaux les regards du public. Il y a peu de mois que le Constitutionnel remplissait, pendant plusieurs semaines, ses colonnes de l'affaire du Napolitain Galotti, et imputait à crime, au ministère, sa froideur vis-à-vis cet étranger. Certes si cette sentinelle avancée, qui combattait au premier rang l'ancien ministère, ne voyait rien de plus blâmable dans sa conduite, c'est une chose bien rassurante pour ceux qui désirent l'ordre et la tranquillité de la France, de voir qu'il n'y avait pas de reproches plus sérieux à faire à des hommes chargés d'administrer trente - deux millions de Français.

Les croyances sont tellement ébranlées, les mots ont tellement changé de sens, qu'il est difficile de s'entendre aujourd'hui : Qu'est-ce qu'un Royaliste? Que faut-il avoir fait pour mériter ce titre ? Que faut-il avoir fait pour le perdre ? Que faut-il dire et penser pour l'être ?

Faut-il avoir suivi les drapeaux de Condé? Mais aux hommes de trente ans la chose serait difficile. Faut-il, si l'on a servi l'Empereur, renier ses services, être honteux de ses cicatrices, et maudire l'époque de sa jeunesse où l'on était obligé de risquer glorieusement sa vie. Faut-il nier l'enthousiasme qui faisait battre nos jeunes cœurs en

lisant les bulletins d'Arcole, de Lodi, de Wagram.
Comment refuser son encens à celui qui avait
revêtu la gloire des couleurs de la liberté ? Combien, pendant long - temps, ne virent point le
despote caché derrière le puissant Empereur.
Faut-il faire amende honorable pour avoir suivi
l'erreur commune ?

Louis XVIII accueillit tout les genres de gloire;
et, dans les premiers jours d'avril 1814, il fut
permis à tous d'être Royalistes à sa manière. Les
uns voulaient bien du Roi sans la Charte, mais
à bien peu il vint dans l'idée que quelques années
ensuite on pourrait desirer la Charte sans le Roi.

Pour être Royaliste, suffit-il d'avoir été fidèle
à ses sermens, de desirer, de toutes les forces de
son âme, la stabilité d'un ordre de choses établi
par Louis XVIII et juré par Charles X pour la
gloire du Souverain et le bonheur de la France
qui jouit de libertés qui lui étaient inconnues, et
qui marche avant tous les peuples de l'Europe dans
ce nouveau chemin. Suffit-il, en un mot, d'être
au Roi et à la France, « *Consilio Manuque,* s'ils
ont besoin de l'un ou de l'autre. Il nous semble
que ces conditions devraient suffire pour être
regardé comme digne d'être envoyé à la Chambre
des Députés. Mais, aux yeux de quelques - uns ,
que de choses encore il faut pour cela : c'est non-

seulement telle couleur, mais encore telle nuance qu'il faut arborer. Il faut avoir suivi la bannière de tel ministère, avoir été persécuté sous celui-ci pour être en faveur sous celui-là. La vie entière d'un homme, consacrée aux Bourbons, à la défense de nos libertés, n'aura servi à rien s'il n'a point fléchi devant telle bannière.

« L'union fait la force : » devant ce vieil adage devraient s'arrêter les irrésolutions et les divisions des Royalistes; mais non, c'est dans un cercle bien étroit qu'il faudra choisir des Députés tardivement convertis à la Charte qu'ils subissent comme nécessité, et qu'ils sacrifieraient dans l'occasion au régime des ordonnances. Politique pitoyable ! Monopole odieux exercé par quelques ambitieux aux dépens du vrai mérite.

Nous pensons que, dans la crise actuelle, on devrait envoyer à la Chambre des Députés des Royalistes-Constitutionnels qui confondent dans leur cœur et le Roi et la Charte, qui veulent les Bourbons et les institutions qu'ils nous ont donné et ont juré de maintenir. Nous avons une confiance sans borne dans les paroles royales de Charles X, et nous méprisons ces hommes qui veulent faire douter de la parole de celui que tout le monde, selon l'expression de M. De Châteaubriand, serait

heureux d'avoir pour ami , s'il était simple parti-
culier.

Mais ne faut-il point à ce Monarque si digne de
notre amour et de nos respects une longanimité
sans exemple , pour supporter la licence de ces
feuilles qui , chaque jour avec une audace in-
croyable, menacent sa Famille du sort des Stuarts:
qui comparent sans cesse les suites de la révolution
d'Angleterre à la nôtre, et qui ne respectent ni la
Majesté du Trône, ni ses cheveux blancs, ni son
amour pour son peuple, ni ces intentions pures
qu'ils livrent aux soupçons les plus injurieux.
Esprits ruinés qui ont perdu l'amour du juste et
de l'honnête!

Si la révolution se relevait menaçante, si,
encore une fois, le Trône était ébranlé, deux
fois proscrit le Roi de France dirait alors : « Ici
s'arrêtera l'insulte! » et préférerait crouler avec le
Trône que d'aller chercher sur une terre étrangère un indigne repos. Si la révolution se relevait
menaçante, comme cette fois, il n'y a plus de
haine de castes, car nous n'avons plus guère en
France d'autre aristocratie que celle de l'argent,
ce serait la guerre de celui qui n'a rien contre celui
qui possède, et certes il y aurait des résistances.
Si nous étions destinés à revoir ces temps affreux
où tout devient victime ou bourreau, les victimes

du moins n'accepteraient point le martyre, et le sang appellerait du sang, car la révolution ne viendrait point surprendre une société amollie par les mœurs de la fin du règne de Louis XV, mais bien au contraire prête à tout, à la défense comme à l'attaque, aguerrie contre tout évènement, endurcie contre la crainte, et décidée à repousser l'injustice par la force.

C'est pour éviter une semblable lutte qu'il faut se garder d'envoyer à la chambre, des hommes turbulens, haineux, ennemis des institutions actuelles, qui voudraient s'élever sur les ruines de leur pays. Que désirons-nous, nous Electeurs, propriétaires, industriels et commerçants ? cette tranquillité et ce calme qui nous sont nécessaires et qui existent réellement. Il nous faut le maintien des choses actuelles... et beaucoup veulent des bouleversemens, les uns en faveur du Roi, les autres en faveur de la Charte. Les Electeurs tiennent entre leurs mains le poids qui fera pencher la balance.

Des Députés de l'extrême droite effraieraient la France. Des Députés de l'extrême gauche travailleraient à détruire la Monarchie. Alors que deviennent nos libertés ? Des Députés du centre gauche se laisseraient déborder par l'extrême gauche. Des Députés du centré droit, fermes dan s lmodération, s'entendront avec le Ministère actuel s'il veut marcher dans une ligne royaliste-constitutionnelle , car on ne peut encore le juger et le condamner pour ses actes. Que nous font les noms et les personnes ? Il nous faut des principes et des faits. Si des Députés du centre droit ne peuvent s'entendre avec le Ministère actuel, il sera obligé de se retirer devant une majorité sage et animée par l'amour du Prince et du pays.

Donc des Députés du centre droit conviennent seuls à la France , et les efforts des royalistes constitutionnels doivent tendre à envoyer à la chambre , des Députés de cette opinion.

Nous , Nivernistes , irons-nous chercher des noms étrangers à notre département Irons-nous nommer ces puissances ou ces renommées d'un jour qui promettraient aide et appui à nos besoins sans les connaître ? Non ! Il nous faut des Députés qui soient nés en Nivernais, ou qui y soient naturalisés parce qu'ils y ont leurs intérêts, leur famille, leurs affections. Il nous faut des Députés qui aient l'amour du pays : Il faut en un mot, que nos Députés aient en Nivernais leurs autels et leurs foyers.

Nevers, 20 mai 1830.

ADOLPHE DE BOURGOING.